HORS D'ŒUVRE

DU

REGLEMENT

D'ÉDUCATION NATIONALE

OU

PHILOSOPHIE

DES GOUVERNEURS

ET DES MERES-NOURRICES.

» Où en ferions-nous, Grand Dieu ! Où en ferions-nous,
» fi les Gardes-Françoifes n'euffent pas eu affez de rai-
» fons , affez de PHILOSOPHIE.

Affemblée Nationale 11 Août.

---

(2)

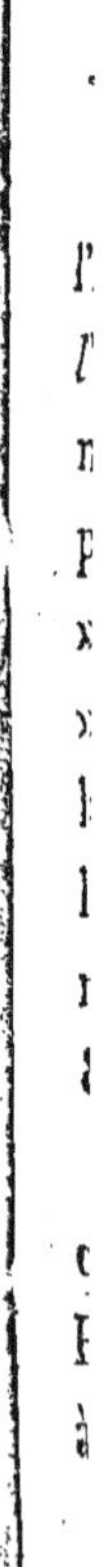

QUELQUES AVIS

AUX GOUVERNEURS D'ÉDUCATION,

Terminés par trois nouveaux Avis aux Meres, autant utiles à leurs Enfans qu'à elles-mêmes.

I. *Education négative ou de discrétion.*

UN Philosophe éloquent & profond veut que l'Education, *& même jusques fort au delà de l'époque dont il s'agit dans ce Plan*, soit purement négative. Cependant il écrit lui-même ces paroles remarquables : « Avant que de parler, » avant que d'entendre, l'enfant s'instruit déja ; » l'expérience prévient les Leçons. » Ce que dit là ce fameux Ecrivain, il le confirme, & il l'étend dans beaucoup d'autres endroits. Il donne même des moyens d'Education propres à cet âge, & très-positifs.

Interprétons donc ce qu'il dit ici, & concluons qu'il a voulu seulement exclure de la premiere Education, ce qui en a obtenu le nom très-mal-à-propos jusqu'aujourd'hui, je veux dire cette méthode dogmatifante & pédantefque dont il a rendu ailleurs l'abfurdité fi palpable, & qui n'eft bonne qu'à engendrer les vices.

» Je ne répéterai jamais affez, dit enfin ce grand Inftituteur lui-même dans fes *Réflexions fur le Gouvernement de Pologne*, « que la bonne
» Education doit être négative ; je veux dire
» d'empêcher les vices de naître. Le moyen en
» eft de la derniere facilité dans la bonne Edu-
» ducation ; c'eft de tenir toujours les enfans
» en haleine, non par d'ennuyeufes Etudes où
» ils n'entendent rien, & qu'ils prennent en
» haine par cela feul qu'ils font forcé de refter
» en place ; mais par des exercices qui leur plai-
» fent, en fatisfaifant au befoin qu'en croiffant
» à leurs corps de s'agiter, & dont l'agrément
» pour eux ne fe bornera pas là. »

II. *Raifonner de bonne heure les Enfans.*

Si c'eft une erreur commune à tous les parens qui fe piquent de lumieres, de fuppofer leurs enfans raifonnables prefque dès leur naiffance, & de leur parler *comme à des hommes* avant qu'ils fachent parler ; c'en eft une auffi, & plus grande encore, de différer trop à développer le germe de raifon qui eft en eux, & d'atteindre l'âge où ils devroient être raifonnables pour leur apprendre à le devenir.

(29)

Il faut paitrir le pain des enfans avec le levain de la raison, & les accoutumer à la sentir & à la gouter. On ne sauroit aimer trop tôt ce qu'on doit aimer toute sa vie.

Louis XIV, extrêmement satisfait du bon sens que le Jeune Duc du Maine, éleve de M^de. de Maintenon, mettoit jusques dans ses Jeux & de la maniere sensée dont il répondoit à ses questions, *vous êtes bien raisonnable*, lui dit-il. *Eh ! comment ne le serois-je pas*, répondit le petit Prince ? *J'ai une Gouvernante qui est la raison même.*

III. *Morale premiere, & continuelle Leçon.*

Mais on ne songe presque jamais à donner aux Enfans les premieres notions de la *Morale*, dont on ne sauroit pourtant jetter trop tôt les précieuses semences dans les cœurs qu'on veut former à la sagesse, puisque c'est elle qui nous instruit de nos devoirs, regle nos actions, & nous inspire les sentimens vertueux.

On s'imagine qu'il ne faut point contraindre les enfans dans leurs premieres années. On ne fait pas attention que les contradictions qu'on appréhende ne font rien, & que celles qu'on leur prépare seront terribles. Car ils ne trouveront pas toujours de personnes disposées à faire toutes leurs volontés : ils trouveront souvent au contraire des concurrens ou des ennemis qui leur feront éprouver des chagrins d'autant plus fensibles & plus amers, qu'ils auront été flattés dans leur enfance.

On fe propofe de plier un enfant lorfqu'il fera grand : pourquoi ne veut-on pas voir qu'il feroit plus facile d'y réuffir lorfqu'il eft foible ? Ne fait-on pas qu'un jeune arbre fe plie comme on veut ? Quand il eft fort, on le romproit plutôt que de le redreffer.

C'eft donc une erreur bien aveugle & bien funefte, que de croire qu'il faut attendre qu'un enfant aie ceffé de l'être pour travailler à former fon caractere.

Si dès la premiere enfance on ne l'accoutume pas à fuivre la raifon, on peut être sûr qu'il ne la fuivra pas quand il fera plus avancé en âge.

IV. *Exemple, vrai Précepteur.*

N E croyez pas qu'on forme un enfant avec des beaux difcours & des belles phrafes ; vos difcours pourront éclairer fon ame, mais c'eft votre caractere qui fera le fien.

Avec beaucoup de régularité dans la conduite, ayez beaucoup d'égalité dans l'humeur, de gaieté dans vos leçons, de douceur dans vos paroles. Ne vous permettez pas, s'il est possible, une parole qui ne soit une leçon, une démarche qui ne soit un modele.

De quelque tempérament que soit votre eleve, vous verrez qu'insensiblement la vertu, la douceur, la sérénité de votre ame passeront dans la sienne.

Il ne faut donc jamais confier un enfant à des personnes tracassieres, grondeuses, accariâtres, ou pleines d'humeur; bientôt il lui ressembleroit ou deviendroit pire encore.

Veillez avec soin sur les personnes qui approcheront vos Enfans. Ne les laissez jamais entre les mains des domestiques, ou d'autres gens imprudens & sans éducation, qui se plaisent souvent à les agacer, les irriter, les impatienter, ou ne leur apprennent que des grossiers badinages.

Se rendre trop familier avec ses eleves, souffrir & dissimuler leurs fautes, leur donner de mauvais exemples, & faire paroître devant eux vos foiblesses & vos passions, c'est perdre toute autorité sur eux & risquer leur éducation.

Il faut profiter de cette pente que les enfans ont à être imitateurs, pour les porter à ce qui est vertueux & louable. C'est là le grand art & la magie de l'éducation. Qu'ils n'aient sous les yeux que des modeles de vertus, ils n e seront jamais vicieux.

V. *Comment louer & corriger ?*

NE leur épargnez pas les louanges, ni les corrections ; mais faites en forte, s'il eft poffible, que les unes & les autres ne fe donnent que par les yeux.

Quand un enfant a bien fait, qu'il foit ravi de vous voir content, & qu'il prenne cela pour fa récompenfe. Quand il a mal fait, que votre préfence & votre triftefle foient tout fon fupplice.

Plus vous mettrez de douceur, d'affection & de bonté dans vos leçons & dans vos remontrances, plus il lui fera facile de s'y accoutumer. Plus vous l'avertirez de fes devoirs, moins il fera en danger d'y manquer. Si vous êtes trop empreffé à le reprendre, vous le fatiguerez de fes devoirs ; fi vous l'abandonnez à lui-même, vous l'y rendrez indifférent.

Soyez févere en paroles & en actions quand il faut l'être ; témoignez de l'indignation quand les fautes le méritent : *la triftefle du vifage corrige le coupable.* Mais fachez être redoutable fans être en fureur ; ferme & inflexible fans être dur & violent : ayez l'air d'un Juge & le cœur d'un Pere : que l'amour dicte toujours vos corrections & jamais la colere.

Pour des bagatelles, comme de dégâts de meubles par inadvertence ou par étourderie, de parens intéreffés réprimanderont plus leurs enfans que pour ce qui mériteroit davantage de l'être.

Une défobéiffance , un trait d'humeur , un menfonge , une parole mal-honnête , un coup donné par colere , une difpute avec fes freres & fœurs , tout ce qui peut être le germe d'un vice , tout ce qui annonce de la baffeffe dans les fentimens , de la jaloufie , de la gourmandife , de l'infenfibilité ; voilà des fautes puniffables.

La punition des fautes légeres , ce fera de le mettre quelque temps aux arrêts , avec la menace , s'il y retombe , de les lui reprocher devant tout le monde. Il vous priera de n'en rien faire. Après lui avoir pardonné une fois ou deux , foyez inexorable. Bien-loin de diffimuler les fautes ou de les excufer , il faut en parler avec force , afin de frapper l'enfant & de l'humilier davantage.

La punition des grandes fautes , fera la privation de toute careffe , de toute amitié de la part de fes parens ; on y joindra fuivant l'énormité de la faute , toutes les autres privations , fur-tout des chofes qu'il aime le plus.

Vous le laifferez durant tout le temps de fa punition , dans un extérieur négligé. Vous ne lui accorderez d'amufemens , qu'autant qu'il en faut pour l'empêcher de tomber dans la langueur & dans l'abattement. Vous ferez froid avec lui , mais fans ceffer d'être doux.

Il aura beau promettre d'être plus raisonnable, ses promesses ne seront point écoutées. Pour obtenir sa grace, il faudra qu'il la mérite, & elle ne sera jamais accordée qu'à l'excès de sa douleur & à sa bonne conduite.

VI. *Récompenser en instruisant.*

ACCORDEZ-LUI les choses de son âge, parce qu'elles sont nécessaires à sa foiblesse & qu'elles l'amusent ; mais ne les lui proposez point comme des récompenses dignes de lui.

Cherchez ces récompenses dans des objets qu'il doive aimer, & dont il doive faire cas toute sa vie : placez-les dans les caresses & dans l'amitié de ses parens, dans quelque devoir de Religion qu'il n'ait point encore rempli, dans quelque acte de bienfaisance envers des malheureux, dans l'acquisition de quelques beaux livres, de quelques cartes utiles qu'on lui aura fait desirer, dans le plaisir d'apprendre quelque chose qu'il ignore.

Si l'enfant a été capable d'un sentiment vertueux, il faut, pour l'instant, le regarder comme un homme fait, & lui rendre l'hommage que l'on doit à la Sagesse & à la Vertu.

Dites à votre éleve que lorsqu'on loue un enfant sur sa figure, ou sur ses habits, c'est qu'on ne voit rien en lui autre chose qui mérite d'être loué. Si votre fils, & plus encore, si votre fille est belle, & qu'elle ne l'ignore pas, répétez-lui souvent que la beauté sans le caractere n'est rien. Dites la même chose à celle qui n'auroit pas de la figure pour la piquer d'une vraie émulation.

Mêlez souvent à vos leçons des exemples : une seule action vertueuse est plus persuasive que dix traités sur la Vertu. Portez votre éleve au bien par des exhortations touchantes, par des exemples frappans : car c'est par la persuasion & par des images sensibles, bien plus que par des leçons seches ou des châtimens, qu'on peut faire naître dans son jeune cœur l'amour des Vertus dont il aura besoin pour son bonheur & pour celui des autres hommes.

J'ai été jeune autrefois, *dit Salomon*, tendrement aimé de mon pere, & gouverné par ma mere qui me tenoit toujours auprès d'elle pour y recevoir autant d'instructions que j'y recevois des caresses. Je n'y perdois point le temps, même durant le jeu : car, tandis que je prenois les divertissemens de mon âge, elle vouloit que j'eusse toujours l'esprit attentif, & le cœur ouvert pour écouter, parce qu'elle avoit toujours quelque bonne parole à me dire. Son discours le plus ordinaire étoit : *Mon fils, aimez la Sagesse & la Vertu plus que tous les biens du monde : le reste n'est que vanité. Il n'y a de vrai bien que ce qui vous rendra honnéte homme, ni de vraie grandeur que ce que Dieu estimera dans vous. Observez sa loi & obéissez à ses volontés.*

VII. *Donner du goût pour l'Instruction.*

CHERCHEZ tous les moyens de faire aimer à votre éleve les choses que vous exigez de lui. Faites-lui connoître (& éprouver) l'utilité de celles que vous lui enseignez : sans cela l'étude lui paroîtroit un travail stérile & épineux.

Un des avantages de cette méthode est d'épargner bien des peines & des impatiences aux Maîtres, bien des réprimandes & des châtimens aux enfans, en leur rendant la tâche plus agréable & moins difficile.

Quand ils sauront bien les regles de leur propre langue, ils auront beaucoup d'avance & de facilité pour apprendre celles de la Langue des anciens Romains, s'ils ont besoin de l'apprendre, ou tout autre.

VIII. *Zele des Parens nécessaire à l'Education.*

LA difficulté & le dégoût de l'éducation barbare qu'on a donné jusqu'aujourd'hui, ont introduit la coutume de confier à des étrangers l'instruction de ses enfans.

Ce n'est pas ce que prétendoit la Nature,

lorsqu'elle donnoit du lait & des tendreſſes à la mere , de l'intelligence & de la prudence au pere.

Formez vous-même votre fils à la politeſſe, à la douceur, à la bonté , à l'amour de l'étude & du travail. Dirigez ſes ſentimens vers le bien, reprimez ſes paſſions naiſſantes , apprenez-lui à déteſter le vice & le menſonge , à aimer ſon devoir, à avoir beaucoup de Religion & une probité à toute épreuve.

Inſtruiſez votre fils , il vous conſolera & il deviendra les délices de votre ame.

IX. *Un Gouverneur ne doit être que le Lieutenant du pere , & l'imitateur de ſes ſentimens.*

HEUREUX les parens qui, trop chargés d'affaires pour ne pas pouvoir ſurveiller à leurs enfans, leur trouvent des Inſtituteurs tels qu'ils leur ſervent de ſecond pere.

Cet emploi ne ſera plus ſi difficile à l'avenir avec une inſtitution plus douce & plus raiſonnable.

Rien ne peut vous diſpenſer de travailler de concert avec cet Inſtituteur pour avoir l'œil paternel ſur lui.

Quelques leçons auſſi données à vos enfans dans vos momens libres , feront beaucoup d'impreſſion ſur eux , ſi vous ſavez vous en faire aimer & reſpecter.

Se faire aimer, est le secret de quelques bons Instituteurs pour obtenir de leurs éleves les efforts même les plus difficiles.

X. *Fruits d'une bonne & d'une mauvaise Education pour la Jeunesse & les Parens.*

PERES de famille, vous mettez dans vos affaires le bon ordre & l'arrangement, vous arrondissez votre fortune & celle de vos enfans : mais vous négligez l'essentiel. Quelques arpens de terre de plus peuvent-ils compenser une acquisition qui substitueroit le mérite dans les familles, & pourroit ouvrir les portes des emplois & des honneurs ? Sans éducation, on ne sera jamais estimé ni fortuné. L'ignorance est toujours un défaut de plus, un mérite de moins & souvent la source de tous les vices & de tous les malheurs.

La plus belle Education actuelle se borne à l'étude du Latin que l'on fait durer long-tems, même après l'époque que la Nature fixe à une véritable instruction. S'ensuivent quelques exercices du corps faits aussi pesamment que les études du Droit ou de la Théologie auxquelles on n'apporte pas plus d'aptitude d'esprit.

A peine hors du College ou des mains d'un Précepteur, des jeunes-gens, souvent aussi remplis de vanité que vides de Science, renoncent à toutes les études & se trouvent libres.

Tout l'emploi qu'ils font de leur temps se réduit à monter à cheval, à faire des armes, à promener en tous lieux un plumet ou un uniforme, à s'associer à une troupe de petits-maîtres & de jeunes débauchés qui n'ont nul respect pour les bienséances, à fréquenter les Spectacles, les promenades publiques, les cafés; les lieux de Jeux. Et comment veut-on que de jeunes-gens accoutumés de si bonne heure à ne savoir que faire, à ne rien faire, ne fassent pas mal, & ne finissent par se dégrader?

Jeunesse mettez donc à profit l'aurore de votre vie. On ne recueille que ce qu'on a semé. On ne verroit pas tant de fainéans, de libertins, d'hommes grossiers & inutiles qui surchargent la terre du poids de leur existence, ou la déshonorent par leurs vices, si l'on savoit mieux employer cet âge fortuné.

Des enfans bien élevés forment d'excellens sujets, l'honneur de leur maison & de leur Nation, & la consolation des vieux jours de leurs parens.

En prenant soin de sa famille, on substitue des plaisirs vrais & légitimes à des plaisirs faux & dangereux, des occupations honnêtes à des amusemens frivoles : on rend sa maison vivante & agréable pour soi-même. Le pere cultive avec joie ces jeunes plantes; la mere veille sur leur santé, préside à leurs jeux, à leurs plaisirs innocens & s'en amuse. Tous deux voyant croître à l'envi les nœuds qu'ils ont formés, & dont ils voyent les heureux gages croître & se perfectionner sous leurs yeux, se tiennent lieu de l'Univers. Le Public les loue, les estime. Ayant appris à leurs enfans à les respecter, à leur être soumis, à leur rendre ce culte filial en hommage de tous leurs bienfaits; s'ils leur ont fait aimer par la persuasion & par l'exemple, les Vertus; que leur manque-t-il pour être heureux?

LES TROIS AVIS AUX MERES.

I. *Sur la maniere de faire leur Nid.*

SI par l'influence du physique sur le moral, les lieux, les choses, les circonstances déterminent notre caractere dans notre jeunesse (1), il n'est pas douteux que le traitement incertain, tur

---

(1) Je ne parle point ici de la vivacité de l'énergie, ni de l'incorrection des caracteres ; elles dépendent de la matiere dont ils sont fondus ; c'est-à-dire, de l'organisation plus ou moins bonne. On dit qu'il y a des *Caracteres d'or*. L'art de l'éducation ne peut rien peut-être sur la constitution de cette matiere ; mais elle peut donner à toute sorte de matiere la même empreinte. Cartouche & Fenelon en reçurent une différente, quoique leurs caracteres fussent également d'or. Des Catins furent les Protes du premier ; des Reines du second. On ne pouvoit se lasser de voir l'un, ni de l'entendre, & l'autre étonnoit par la finesse de ses tours & par l'élévation de ses procédés. Un simple bon homme & un plat coquin ne sont pas de cette matiere. Qu'on ne soit donc plus étonné de la différence & du fini des caracteres d'une Imprimerie ; ni de leur étrangeté, qu'on s'attache seulement à donner une bonne forme au moule, sans vouloir changer leur matiere.

D

bulent & vicieux qu'éprouvent d'abord les enfans à la nourrice, n'influe sur l'inconstance, & quelquefois la méchanceté de la suite de leur vie.

En comparant, avec l'Auteur des Etudes de la Nature, la tendresse des animaux, ou plutôt celle de leur instinct divin avec la dureté dont on traite parmi nous les nourrissons & les écoliers, je me suis rappellé avec gloire un plan géométral de ma maison que j'avois tracé fort avant d'être marié, & où l'appartement de mes enfans étoit remarquable par divers arrangemens propres à faciliter leur éducation. Fier dès-lors de ce projet, je m'étois dédié à moi-même le plan, en me donnant pour titre *Nidificans* ; titre abandonné jusqu'aujourd'hui par les hommes aux animaux pour se livrer à des objets plus chers à leurs passions dénaturées. Ils ont imité leur industrie dans tout ce qui pouvoit favoriser leurs vices, quant aux arts méchaniques ; mais pour leur morale ils l'ont laissée à part, & n'ont suivi en ce point que les caprices de leur imagination, ou les mouvemens de leur barbarie.

En effet, pas un des animaux ne garrote ses petits sous prétexte de les tenir chaudement ; pas un ne les tracasse pour les endormir. Qui est celui qui les confie à d'autres dont il n'est pas bien sûr pour les promener ? Quelle est la brute qui leur ôte la liberté d'exercer ses membres jusques à l'âge où ils peuvent marcher ? &

quelle eft celle qui aie la fottife de les exercer à cela avant qu'ils le puiffent ? Quel eft l'animal qui encenfe & qui batte fon fils hors l'homme dégénéré & abruti, qui ne fait pas qu'en le flattant il s'en rend efclave, & qu'en le battant, il lui apprend à le terraffer.

Qu'on le laiffe en repos, mot divin de l'Inftituteur de l'Elevé de la Nature. Duffions-nous nous fervir de fa cage à l'avenir pour procurer à nos enfans le même repos, avec une inftitution naturelle, & jouir nous - même par là dans nos ménages d'une tranquillité que des foins mal-entendus pour les enfans à la mamelle ne nous laiffent plus.

Je crois que c'eft là l'unique parti qui nous refte, avec notre ignorance de l'art de la fimplicité, fi néceffaire pour élever des enfans. Pour moi, je fais qu'à la premiere occafion j'en ferai ufage, & j'efpere que mon exemple fervira mieux à l'établir & à le répandre, & furtout fera plus impofant que la defcription que je pourrois donner de cette cage, pour un enfant jufqu'à fix mois, parce qu'on m'objecteroit toujours bêtement qu'elle reffemble à quelque repaire d'animal, & non à la forme commune du premier & du dernier lit de l'homme focial.

D 2

II. *Sur la maniere d'étre bien ou mal en gesine ou en couche tant l'enfant que la mere.*

Quelque nid ou berceau que l'on adopte , si une Mere balance , sur des préjugés accrédités par la cupidité des accoucheurs ou des sages-femmes , à donner à têter à son enfant dès qu'il est né , c'est-à-dire, peu de tems après & de plus en plus à mesure que son sein se remplit , & cela soit qu'elle veuille nourrir ou se délivrer de ce soin de la nature , qui deviendroit moins pénible, & comme un jeu , en mettant en pratique sur-tout l'avis 1er. puisé dans l'exemple de plusieurs filles qui ont voulu nourrir des fruits de leur amour avec moins de fracas & de bruit que les meres de famille ordinaires , cette Mere , dis-je , sera sujete , si elle ne veut suivre le présent avis , à des maux de sein les plus cruels , qui dérivent dans la suite , en cancer , tant cette partie est délicate, & qu'il importe de la ménager. L'enfant en prenant un *premier lait* qu'offrent ordinairement si mal-à-pro-pos des commeres intéressées, s'il ne contracte tou-tes les maladies du sang ou des humeurs de ces femmes officieuses , souffrira au moins beaucoup d'une nourriture si disproportionnée à celle qu'il devoit continuer de tirer de sa mere dans l'ordre de la nature.

I I I. *De l'accouchement, comme il faut, à la maniere des Bêtes.*

Elles n'ont ni ciseau ni fil, mais des dents pour cicatriser peu-à-peu la séparation que l'Auteur de la nature leur inspire de faire de l'enveloppe qu'apportent leurs génitures de leur ancien séjour. Par ce moyen qui ferme sans boucher tout-à-fait l'issue extérieure des vaisseaux de l'ombilic, il s'écoule de cette partie superflue l'humeur qui doit en sortir pour la dessécher. Au lieu que dans notre prompte opération de couper & de lier le cordon ombilical, toute l'humeur venant en supuration, réflue dans les deux vaisseaux sanguins communiquant à l'enfant ; ce qui assurément ne doit pas être un bien pour lui. Le scrutateur Médecin Tournatoris ayant lié de même l'ombilic de jeunes chiens, a éprouvé qu'ils étoient susceptibles de prendre notre petite vérole, au lieu que ceux uniquement soignés par leur mere n'étoient point sujets à cette maladie.

Dans cette vue, les Accoucheurs de **Paris**, après avoir fait la section de l'ombilic, au lieu de le lier, lui font une simple attrition au bout avec les doigts ; frottement pour lequel la compassion ne doit pas être émue ; cet organe n'étant que soudé au corps de l'enfant, & n'y ayant d'autre communication que par les deux vaiſſeaux ſanguins qui y portoient la vie , mais par lequel le levain de la petite vérole peut entrer , ſuivant l'expérience de M. Tournatoris.

La pratique de ce ſyſtéme qui paroît en général plus ſain , rendroit inutile la Méthode de *Simplicité Naturelle* que j'ai recherchée pour l'Inoculation dans le Réglement, pag. 19 , ce qui ſeroit encore plus utile. Ainſi on évite les maux en ne s'écartant pas de la nature , & on a une ſûre égide contre leurs dangers en s'en rapprochant. *Nos in rectum genitos natura ſi emendare velimus juvat.*

F I N.